BALZAC

Paris. — Typ. Lac.eu. rue Soufflot, 18.

BALZAC

LES CONTEMPORAINS

BALZAC

PAR

EUGÈNE DE MIRECOURT

PARIS

GUSTAVE HAVARD ÉDITEUR

15, RUE GUÉNÉGAUD, 15

L'Auteur et l'Éditeur se réservent tout droit de reproduction

1856

BALZAC

C'était hier, il nous semble y être encore.

Nous pleurions tous au bord de cette fosse ; nous regardions avec désespoir ce cercueil qui emportait tant de génie.

Et Victor Hugo nous disait :

« Sa mort a frappé Paris de stupeur.

Depuis quelques mois, il était rentré en France. Se sentant mourir, il avait voulu revoir la patrie, comme la veille d'un grand voyage on vient embrasser sa mère.

« Sa vie a été courte, mais pleine; plus remplie d'œuvres que de jours.

« Hélas! ce travailleur puissant et jamais fatigué, ce philosophe, ce penseur, ce poëte, a vécu parmi nous de cette vie d'orages, de luttes, de querelles, de combats, commune dans tous les temps à tous les grands hommes. Aujourd'hui le voici en paix. Il sort des contestations et des haines; il entre, le même jour, dans la gloire et dans le tombeau. Il va briller désormais, au-dessus de toutes ces nuées qui sont sur nos têtes, parmi les étoiles de la patrie. »

Toute l'histoire de Balzac est contenue dans ces nobles et solennelles paroles.

Vivant, il a eu sans cesse à combattre les rivalités haineuses, les médiocrités jalouses ; mort, chacun proclame son mérite, chacun lui tresse des couronnes. Ses ennemis eux-mêmes trouvent que sa tombe n'a pas assez de gloire.

Honoré de Balzac est né à Tours en 1799, le 20 mai, dans la maison de la rue Impériale [1] qui porte le numéro 45.

Son père, consultant le calendrier et

[1] Cette rue, dit le *Journal d'Indre-et-Loire*, s'appelait alors rue de l'Armée-d'Italie. La maison qui appartenait au père du célèbre romancier est maintenant la propriété du général d'Outremont. Celui-ci l'a achetée de M. de Balzac père. On voit dans la cour un acacia planté par les ordres de madame de Balzac le jour même de la naissance de son fils, et qui depuis a été constamment respecté.

trouvant de bon augure le nom du saint du jour, décida que son fils recevrait ce nom au baptême.

Le jeune Honoré grandit à côté de deux sœurs charmantes, dont il refusait de partager les jeux, absorbé qu'il était, dès l'âge le plus tendre, par une sorte d'inspiration précoce qui l'emportait dans le monde des rêves. Il avait à ses côtés une fée mystérieuse, un ange gardien de son génie, qui le couvrait de ses ailes et le berçait doucement dans l'extase.

Madame de Balzac, effrayée de voir un enfant si jeune en butte à des tendances ascétiques, essaya de le rendre aux goûts de son âge.

On donna force jouets au petit Honoré.

Dans le nombre, un seul eut le don de lui plaire : c'était un de ces Stradivarius de vingt-cinq sous qu'on achète à l'étalage des boutiques foraines. Il l'emporta tout joyeux et s'escrima de l'archet du matin au soir.

— Entends-tu comme c'est beau ! disait-il à Laure, l'aînée de ses sœurs [1].

— Ma foi, non, répondit celle-ci ; tu m'écorches les oreilles !

L'enfant la regarda d'un air scandalisé, quitta la chambre et alla tout seul continuer sa musique sous les arbres du jardin.

Deux heures après, on le retrouva, les

[1] Aujourd'hui madame Surville.

yeux au ciel, le visage inondé de larmes et
jouant toujours du violon. Les notes grin-
çantes que les cordes rendaient au hasard
se changeaient pour le jeune rêveur en
une harmonie céleste. Il semblait faire sa
partie dans le concert des anges.

Balzac lui-même a donné quelques détails pleins d'intérêt sur son enfance [1].

A cinq ans, il lut les Écritures et se
perdit avec un attrait ineffable dans leurs
mystérieuses profondeurs. Tous les livres qui lui tombaient entre les mains
étaient dévorés en un clin d'œil. Souvent,
dès le point du jour, il partait chargé de
volumes, avec un morceau de pain dans

---

[1] Voir le roman qui a pour titre *Louis Lambert*.

sa poche, et s'en allait au fond des bois, où il lisait jusqu'à la nuit tombante.

Envoyé au collége des Oratoriens de Vendôme, il continua de s'y livrer à sa passion pour la lecture.

Œuvres scientifiques, philosophiques [1] ou religieuses, tout lui était bon. Les dictionnaires eux-mêmes y passaient, depuis la première ligne jusqu'à la dernière. Il avait pour système de mériter le cachot et de s'y faire envoyer par les professeurs, afin de lire plus à l'aise et sans dérangement.

Doué d'une mémoire prodigieuse, il

[1] Balzac, à l'âge de onze ans, composa au collége un *Traité de la Volonté*, qu'un régent lui brûla.

retenait tout, les lieux, les noms, les mots, les choses, les figures.

Bientôt il en résulta pour cette jeune tête un phénomène inquiétant. Au milieu du chaos produit par une myriade d'idées tourbillonnantes, la raison parut tout à coup s'éclipser.

Notre collégien, revenu à Tours, épouvanta sa famille.

On prenait pour de l'idiotisme la somnolence inévitable causée, si nous pouvons nous exprimer de la sorte, par le travail de classement qui s'opérait dans le cerveau.

Assis au festin de l'intelligence, l'enfant avait absorbé des bibliothèques, et la digestion devenait pénible.

Ce philosophe de quatorze ans savait
tout, excepté les choses les plus banales
et les plus simples : il demandait avec
quoi se faisait le pain, il ne distinguait
pas une vigne d'un champ de blé.

Quinze jours durant, il conserva dans
un vase, avec le soin le plus attentif et le
plus délicat, une fleur de citrouille que sa
sœur Laure lui avait donnée pour un cac-
tus des Indes.

Cette sorte d'apathie intellectuelle rap-
portée du collége se dissipa bientôt. La
mémoire avait terminé son classement ;
les ténèbres faisaient place à la lumière,
et déjà Balzac entrevoyait dans l'avenir le
splendide rayonnement de sa gloire.

— Vous verrez ! vous verrez ! disait-il

à ses sœurs, je serai célèbre un jour !

Le mot lui coûta cher.

A partir de ce moment, les railleuses jeunes filles ne l'abordaient plus sans lui prodiguer les révérences et sans lui dire avec un ton de voix extrêmement respectueux :

— Salut au grand Balzac !

En 1813, toute la famille quitta la Touraine pour se rendre à Paris.

M. de Balzac père venait d'être promu à un emploi lucratif. Il plaça son fils dans un des pensionnats les plus en renom de la capitale. Le jeune homme y compléta ses études.

A dix-huit ans, après avoir reçu les diplômes de bachelier et de licencié ès-lettres, il suivit simultanément les cours de l'École de droit, de la Sorbonne et du Collége de France.

Il était beau , vigoureux , plein ·de santé.

L'étude la plus assidue le laissait sans fatigue. Ses yeux petillaient; il avait constamment le sourire aux lèvres. On trouvait eu lui la personnification complète de de la joie.

Rentré au logis de son père, il apprenait en se jouant le latin à ses sœurs, ou bien il s'amusait à classer les livres dont il avait fait l'acquisition chez les libraires du quai des Augustins, avec l'argent destiné à ses menus plaisirs.

Il commença dès lors à former cette bi

bliothèque précieuse qu'il montrait fiè-
rement aux derniers jours de sa vie, « et
qu'il eût léguée à sa ville natale, dit quelque part le bibliophile Jacob, si cette ville
ne lui avait pas témoigné tant d'indifférence et même tant d'hostilité »

Balzac n'a pas été plus qu'un autre
prophète dans son pays.

Rien n'est facile à expliquer, du reste,
comme cette éternelle vérification du vieil
adage.

Il y a chez les compatriotes une jalou-
sie instinctive, un absurde orgueil qui les
poussent à mettre à l'index les célébrités
du cru. La sottise qui a eu le même berceau
que le génie ne se résigne jamais à lui
rendre hommage. Elle ne comprend pas

que sur le même terroir puissent naître le peuplier superbe et l'arbuste rabougri. Le talent d'un seul cause l'humiliation de tous les autres. On voit la faiblesse nier la force ; le roseau critique le chêne, et le cèdre subit les dédains de l'hysope.

« Un tel est illustre, allons donc ! nous avons joué aux billes ensemble ! » Ou bien : « J'étais plus fort que lui en thème ! » Ou mieux encore : « Son père n'avait pas le sou ! »

Nous avons entendu de nos propres oreilles ce dernier et sublime argument donné par un Marseillais à propos de Méry.

Cette injustice du clocher cause aux grands hommes une affliction sérieuse.

Il serait si doux de cueillir des lauriers sur la terre natale ! Mais ils n'y trouvent que des verges. Le compatriote justifie pour eux un double proverbe et se range à l'opinion de leur valet de chambre.

Pour obéir aux ordres paternels, Balzac, tout en faisant son droit, travailla chez l'avoué Guyonnet de Merville, où il rencontra Scribe, qui n'avait pas plus de vocation que lui pour la procédure.

On nous affirme que Jules Janin remplissait alors, dans la même étude, les fonctions de petit clerc.

Jules, très-enclin à la paresse et à la taquinerie, se serait, dit-on, montré rétif aux courses et aurait eu l'inconvenance de narguer les clercs supérieurs, qui, ja-

loux de leurs priviléges, lui auraient fait
exécuter plus d'une fois de brusques pi-
rouettes, afin de lui répondre du bout de
la botte.

Ce mode d'apostrophe, si nous en
croyons toujours les renseignements qu'on
nous donne, aurait déplu à leur jeune
collègue. Janin se serait enfui de l'étude
de M. Guyonnet de Merville, pour s'adon-
ner au journalisme, où son esprit querel-
leur pouvait s'exercer à coup sûr, sans
craindre une application trop directe des
réponses.

Mais n'anticipons pas sur l'ordre des
faits.

Nous retrouverons trop tôt pour sa
gloire celui qu'on nomme ironiquement
aujourd'hui le prince des critiques.

La famille Balzac demeurait rue du Temple, et l'aîné de la maison eut, un certain soir de novembre, à soutenir l'interrogatoire solennel des auteurs de ses jours.

— Quatre mois encore, lui dit son père, et tu entres dans ta vingt et unième année. Quel état choisis-tu ?

— Ma vocation, répondit Balzac, me porte du côté des lettres.

— Es-tu fou ?

— Non, c'est un parti pris; je veux être auteur.

— Il paraît, dit madame de Balzac en excitant du regard son mari à la sévérité, que monsieur a du goût pour la misère ?

— Oui, répondit le chef de la famille, on voit des gens qui éprouvent le besoin de mourir à l'hôpital.

— Honoré, dit madame de Balzac, nos plans sont arrêtés pour votre avenir ; nous vous destinons au notariat [1].

Le jeune homme fit un geste énergique de dénégation.

— Mais ignores-tu, malheureux, lui dit son père, à quoi peut te conduire le métier d'écrivain ? Dans les lettres, il faut être roi pour n'être pas goujat.

— Eh bien, dit Balzac, je serai roi !

[1] On avait retiré Balzac de l'étude de M. Guyonnet de Merville pour l'installer comme clerc chez le notaire Passêz, ami de famille, et dont il devait être le successeur.

Il fut impossible de vaincre sa résolu-
tion tenace.

On eut recours au système péni-
tentiaire adopté par les familles, et qui
consiste (passez-nous la trivialité du mot)
à faire manger de la vache enragée au fils
rebelle.

M. et madame de Balzac décident qu'ils
iront avec leurs autres enfants habiter la
campagne.

Honoré reste seul à Paris, afin d'y exercer la carrière de son choix. Sa bourse,
comme on le devine, est garnie très-mé-
diocrement : le manque de fonds seul
peut l'amener à résipiscence.

Installé dans une pauvre mansarde, voisine de la bibliothèque de l'Arsenal[1], il travaille avec un courage surnaturel, au milieu de privations de toutes sortes et sans rien perdre de sa gaieté. Les lettres qu'il envoie à cette époque à ses sœurs sont des chefs-d'œuvre de naïveté comique et d'enjouement.

Sa mansarde, ouverte à tous les souffles de l'hiver, lui occasionne des maux de dents affreux. Il a les joues enflées par une fluxion perpétuelle.

[1] Rue Lesdiguières, n° 7. Balzac demeura ensuite rue du Roi-Doré, puis rue des Marais-Saint-Germain. En 1827, il s'installa rue de Tournon, n° 2, dans la maison de Henri de la Touche, avec lequel il se lia d'amitié. En 1830, il logeait rue Cassini. Ce fut là qu'il écrivit *Gobseck* et la *Peau de Chagrin*. Depuis, il a tour à tour habité la rue Saint-Honoré, Chaillot, Ville-d'Avray, Passy, et enfin ce petit hôtel des Champs-Élysées où la mort est venue le prendre.

« Ah ! ma pauvre Laure, écrit-il, si tu me voyais, tu ne me reconnaîtrais plus : je suis un *Pater dolorosa !* »

Comme tous ceux qui débutent en littérature et qui ont encore l'imagination farcie des souvenirs de collège, Balzac se met à composer la tragédie de rigueur. Il dresse le plan d'un magnifique *Cromwell* en cinq actes, et nous avons la chance heureuse de pouvoir offrir à nos lecteurs quelques extraits de ce plan curieux, écrit en 1819 de la main de Balzac lui-même.

« Du respect, mademoiselle ! (C'est toujours à sa chère Laure qu'il écrit.) Sophocle cadet vous parle. Écoute, ingénue ! Dans la première scène du premier acte, on voit entrer la reine Henriette, accablée de fatigue et ayant dépouillé les vêtements prestige de la grandeur. Elle arrive, soutenue par le fils de Strafford, dans Westminster. Strafford, tout en larmes, lui décrit les

nouveaux malheurs, et finit par lui dire que
Charles est prisonnier. Tu juges l'élan de la
reine, qui veut qu'on la conduise à son époux
pour partager ses fers et le défendre.— Scène II.
— Au moment où Strafford conduit la reine, ap-
paraissent Cromwell et son gendre Ireton. Strafford fait cacher la reine. — Scène III. — Les
conjurés arrivent, et l'on discute si l'on fera
mourir ou non le roi. Cette scène sera fort vive.
Fairfax (honnête garçon) défend la vie du roi et
dévoile l'ambition de Cromwell. — Scène IV. —
Cromwell rassure les conjurés sur les craintes
que leur a inspirées Fairfax, et l'on convient de
faire mourir le roi. — Scène V.— A ce moment,
la reine indignée (elle a tout entendu) s'élance,
et tu juges !... quel discours ! (*Elle sort.*) —
Scène VI. — Cromwell et ses amis sont ravis;
c'est une victime qui leur manquait. (*Ils sortent.*)

ACTE II (*toujours dans Westminster*).

Scène Ire. — Le roi seul (dans sa prison) fait
un monologue... ah !... aux oiseaux ! — Scène II.
— La reine vient trouver le roi. (C'est là où il
faut du talent !) Expansions. La reine rend compte
de ses démarches. (Que de difficultés ! l'amour

conjugal sur la scène pour tout potage ! mais il faut qu'il embrase la pièce), » etc., etc.

Tout le reste du plan est de la même candeur et du même style.

On aime à assister aux premiers tâtonnements de ce beau génie, qui, certes, n'était pas là dans sa route. Il se fourvoyait en essayant de parcourir les sentiers de l'art dramatique, beaucoup trop étroits pour les allures puissantes de son imagination.

Balzac, après avoir expliqué en détail le plan de *Cromwell* à sa sœur, termine de la sorte :

« Si tu as quelques belles pensées, communique-les-moi. Garde les jolies; il ne me faut que du sublime. Ma tragédie sera le bréviaire des rois et des peuples: je veux débuter par un chef-d'œuvre ou me tordre le cou.

« Il est déjà une heure du matin, et j'ai encore à t'écrire. (Je ne l'intitule pas *Charles Ier* pour ne pas effaroucher S. A. R. duchesse d'Angoulême.) Si je m'écoutais, je couvrirais une rame en t'écrivant.

« Ce qui me coûte le plus, c'est l'exposition. I y a à faire le portrait de *Cromwell*, et Bossuet m'épouvante. Cependant j'ai des vers déjà tournés... Ah! ma sœur, ma sœur! si je suis un Pradon, je me pends! »

A quelques mois de là, Balzac, ayant terminé ses cinq actes, vint les lire à sa famille.

On avait invité quelques personnes capables de juger l'œuvre, entre autres Stanislas Andrieux, professeur de littérature au Collége de France [1].

[1] Auteur d'*Anaximandre*, de *Junius Brutus*, et de sept à huit autres pièces.

Celui-ci, la lecture achevée, déclara, d'un ton de pédagogue et en présence même du jeune auteur, que la pièce ne révélait chez celui qui l'avait écrite aucun germe de talent.

Sous le coup de cette critique brutale, Balzac retourna dans sa mansarde, humilié sans doute de voir condamner son œuvre, mais en appelant au travail et à son courage pour infirmer la décision d'un juge trop rigoureux, et peut-être jaloux.

Il renonça au laurier tragique et se fit romancier.

Bravant la souffrance matérielle et riant au nez de la misère, il écrivit quarante volumes, publiés tour à tour par ces éditeurs-vampires qui se tiennent au berceau

du génie et l'étouffent dans leurs embras-
sements avides. Ils ont pour système de
laisser mourir un auteur de faim, l'ex-
ploitent à leur aise, vendent ses livres sous
le manteau, presque toujours avec un
pseudonyme [1], ou à la faveur de quelque
préface parasite, et lui enlèvent toute sa
publicité, toute sa gloire.

— Tu le vois, dit M. de Balzac à son
fils, tes efforts sont infructueux. Un
homme qui arrive à l'âge de vingt-cinq
ans sans pouvoir gagner par son travail

[1] Les premiers romans de Balzac ont été publiés sous
les noms de lord R'hooné, anagramme d'Honoré, et
d'Horace de Saint-Aubin. Ces romans avaient pour
titre *Argow le Pirate*, la *Dernière Fée*, le *Sorcier*,
l'*Israélite*, *Jane la pâle*, le *Vicaire des Ardennes*,
Jean Louis, l'*Héritière de Birague*, etc., etc.

l'argent nécessaire à sa propre subsistance est dans une fausse route.

Le jeune homme soupira.

Bien certainement il n'était pas convaincu; mais il sentait qu'il se brisait la tête contre une muraille de bronze. Par un suprême effort d'énergie, il résolut d'arriver à la fortune et à l'indépendance pour avoir enfin le droit d'écrire.

Un ancien camarade de collége lui prêta des fonds et le mit en mesure d'exploiter une idée de librairie assez féconde. Il s'agissait d'imprimer en un seul volume compacte les œuvres de Molière, et, en un second volume pareil au premier, celles de la Fontaine. L'affaire présentait toutes les chances de succès possibles.

Balzac écrivit une introduction remarquable en tête de chaque volume, et les publia.

Mais il avait compté sans le mauvais vouloir des libraires. Aucun de ces derniers, pour nous servir d'une expression reçue, ne poussa à la vente. L'édition dépréciée tomba au rabais, et Balzac vit s'engloutir la somme qui lui avait été confiée.

Son ami ne se découragea pas. Il lui prêta de nouveau de l'argent pour l'aider à se relever de cette perte.

M. de Balzac père, heureux de voir enfin son fils marcher dans une autre voie, fournit lui-même trente mille francs, destinés à l'achat d'une imprimerie.

Voilà donc notre romancier lancé à corps perdu dans toutes sortes d'entreprises typographiques.

Établi, rue des Marais-Saint-Germain, n° 13, il monte douze presses, organise une fonderie de caractères, donne à toute sa maison l'activité la plus merveilleuse et croit enfin sortir vainqueur de sa lutte avec le sort.

Malheureusement, à cette époque, la Restauration menacée s'imaginait échapper au péril en muselant la presse, en imposant à la librairie entrave sur entrave. Un fonds de roulement de cinquante ou soixante mille livres eût été nécessaire au jeune imprimeur pour attendre des temps moins rudes. Il ne le trouva pas, et fut obligé de céder à vil prix un matériel qui a fait la fortune de ses successeurs [1].

Balzac revint à la littérature, non plus seulement pour vivre, mais pour payer les dettes qu'il avait contractées.

Au lieu d'abattre les grandes âmes, le malheur double leur énergie. La foi, chez l'artiste comme chez le chrétien, soulève les montagnes, et nous allons voir tout à coup resplendir, au plus haut du ciel littéraire, cette gloire si lente à son aurore.

Un libraire non vampire, M. Levavasseur, édite les nouvelles œuvres de Balzac

Il l'engage à les signer de son nom.

[1] M. Deberny, acquéreur de la fonderie de caractères, y a gagné plus de six cent mille francs.

Le *Dernier Chouan*, la *Femme de trente ans*, les *Deux Rêves*, la *Maison du Chat qui pelote*, le *Bal de Sceaux*, publiés de 1827 à 1829, commencent à rendre populaire notre patient écrivain, et la *Physiologie du Mariage* achève d'asseoir sa renommée sur une base solide.

Dès ce moment, il ne s'arrête plus.

Ses nuits et ses jours sont consacrés au travail. Il absorbe à chaque page qu'il écrit une gorgée d'essence de café, chasse le sommeil et se brûle le sang ; mais aussi que de chefs-d'œuvre ! que de conceptions admirables ! *Gobseck*, la *Vendetta*, la *Peau de Chagrin*, *Sarrasine*, *Louis Lambert*, l'*Illustre Gaudissart*, le *Médecin de Campagne*, *Ferragus*, *Eugénie Grandet*, *Séraphita*, la *Duchesse de*

Langeais, le *Père Goriot,* la *Recherche de l'absolu, Un grand homme de province à Paris,* le *Lys dans la Vallée,* le *Curé de Village*[1] et vingt autres romans, en tout plus de soixante volumes, paraissent dans un intervalle de six années.

Et Balzac n'a jamais eu de collaborateurs !

Et ses plus grands ennemis n'osent pas soutenir qu'une ligne, une seule ligne étrangère, soit venue, à aucune époque, déshonorer son œuvre.

Tout lui appartient, à celui-là !

Jamais il n'a mis son nom glorieux

[1] Tous ces livres ont eu d'innombrables éditions et ont fait la fortune de beaucoup de libraires, parmi lesquels nous citerons M. Hippolyte Souverain.

comme estampille sur le livre d'un autre, afin de l'offrir à ses lecteurs en contrebande ; jamais il n'a passé avec le journalisme de ces marchés impudents que nous avons vu conclure à la honte des lettres françaises. La postérité n'aura pas à faire un triage dans les volumes signés de lui pour les rendre aux véritables auteurs et venger la morale publique.

Nous répéterons ici avec Victor Hugo :

« Ce travailleur puissant et jamais fatigué, ce philosophe, ce penseur, ce poëte, a vécu parmi nous d'une vie d'orages, de luttes, de querelles et de combats. »

En effet, dans tout le cours de son existence, Balzac eut constamment à se défendre.

L'envie, assise aux pieds du colosse, creusait à l'entour avec ses ongles pour essayer de l'abattre. A droite et à gauche de la pâle furie, messieurs les critiques venaient gratter de leur plume le piédestal d'airain.

Balzac, à les en croire, n'était « qu'un imitateur maladroit et confus de Rétif de la Bretonne et de Ducray-Duminil[1]. » — N'est-il pas vrai, monsieur Philarète Chasles ?

« Il a écrit, sous un faux nom, des romans excentriques, dont le quai de la Vo-

[1] *Dictionnaire de la Conversation*, t. II du supplément, 1re édition, p. 415. L'auteur de l'article se dissimulait sous le pseudonyme de V. CARALP ; mais l'éditeur a rétabli dans la 2e édition PHILARÈTE CHASLES en toutes lettres.

laille même ne voulait pas se charger ; il se traîne dans les tombeaux d'Anne Radcliffe, dans les blasphèmes de Pigault-Lebrun, dans les drôleries de Paul de Kock ; il tourne incessamment dans le même cercle d'aventures vulgaires et triviales [1]. » — N'est-il pas vrai, seigneur Jules Janin?

Cette aimable et judicieuse critique est bien de vous.

Avant l'article que nous citons, vous aviez lancé dans les jambes du père d'*Eugénie Grandet* beaucoup d'autres phrases

[1] *Journal des Débats* du 18 février 1843. On n'attaquait pas seulement Balzac au sujet de ses œuvres, on lui contestait jusqu'à son nom. « Ah ! s'écria-t-il un jour, vous prétendez que je ne descends pas des Balzac d'Entragues? eh bien, tant pis pour eux! »

du même genre ; vous prétendiez *démolir* Balzac (nous n'inventons pas l'expression) ; vous grattiez le piédestal du bout de votre plume ; vous vous dressiez aussi haut que possible pour atteindre à la cheville du géant, et vous lui enfonciez dans le talon votre lance de pygmée.

Balzac se retourna, vous prit pour une mouche, et continua d'écrire.

Il ne daigna pas même vous administrer la correction pittoresque des anciens clercs de l'étude. Que lui importait votre sentiment ? Pouviez-vous abaisser sa taille à la vôtre et mettre la *Peau de Chagrin* au niveau de l'*Ane mort* ? Non, certes. Il vous imposa silence, à vous et à la tourbe des Zoïles, en prononçant ce *Fiat lux* sublime de sa création :

COMÉDIE HUMAINE !

Un seul mot a suffi pour vous terrasser, ô critique imberbe et pansu ! Que diable alliez - vous faire près de ce foyer lumineux, grosse phalène imprudente?

Comédie humaine ! êtes-vous assez ébloui? Le rayon vous semble-t-il assez étincelant? Y voyez-vous mieux? Tout est classé, tout s'arrange, tout converge à un même but avec un ensemble parfait [1].

[1] La *Comédie humaine* se divise en huit grandes séries : 1° *Scènes de la vie privée;* 2° *Scènes de la vie de province;* 3° *Scènes de la vie parisienne;* 4° *Scènes de la vie politique;* 5° *Scènes de la vie militaire;* 6° *Scènes de la vie de campagne;* 7° *Études philosophiques;* 8° *Études analytiques.*

C'est le *cercle d'aventures triviales et vulgaires* dont vous parliez tantôt, seigneur Janin. Vous aviez mal choisi vos épithètes, vous étiez aveugle; votre critique marchait à tâtons dans les ténèbres, et voici le grand jour. La société moderne tout entière est en scène. Regardez! vous êtes au nombre des personnages.

Place au théâtre, illustre critique, et laissez-vous passer!

Notre cadre ne nous permet malheureusement pas d'entrer dans tous les détails qu'exigerait une sérieuse appréciation des œuvres du grand romancier. Un in-octavo suffirait à peine à la tâche. Nous sommes donc obligé de nous restreindre et de tracer seulement quelques-uns des traits les plus caractéristiques de ce beau talent.

Balzac est le Benvenuto Cellini de la littérature moderne : il a sculpté ses livres avec une patience admirable; toutes ses phrases sont ciselées; il excelle, passez-nous le mot, dans la fonte des passions et coule ses personnages en bronze.

Depuis Molière, aucun auteur n'a plus profondément exploré le cœur humain.

La femme, cet éternel désespoir du peintre de mœurs, cet être fugitif et mystérieux, cette fleur aux mille nuances insaisissables, ce gentil caméléon aux reflets si variés et si trompeurs, la femme a trouvé tout à coup son naturaliste, son historien, son poëte. Elle lui a donné le secret de ses joies et de ses misères; elle lui permet d'expliquer ses mignardises, ses chatteries, ses dédains, ses préférences, ses caprices et ses bonheurs. Chacune des phrases de ce grand livre, dont notre mère Ève a écrit la première ligne, est traduite fidèlement par Balzac. Il déchiffre les hiéroglyphes les plus obscurs du sentiment. Son scalpel met à nu les fibres les plus délicates de la pensée. Il dissèque le cœur de la femme, en analyse toutes les palpitations, toutes les tendresses; il nous montre dans leur exquise et parfaite essence les adorables qualités qui la distinguent; puis il cherche les défauts, il les surprend tour à tour avec une pénétration merveilleuse. L'ombre succède à la lumière, et, sous l'enveloppe de l'ange, on découvre quel-

quefois le démon. Ruses du sourire, per-
fidies du geste, diplomatie du regard, rien
n'échappe à cet anatomiste habile. Le génie de la création lui-même semble lui
avoir donné la clef de tous sés mystères [1].

Quand on compare les femmes de Bal-

[1] M. de Balzac a reçu dans sa vie dix ou douze
mille lettres de femmes qui se reconnaissaient dans ses
livres et lui témoignaient leur admiration. Les femmes
ont contribué beaucoup à le mettre à la mode. On se
rappelle le livre de madame de Girardin qui a pour titre la *Canne de M. de Balzac.* « Cette fameuse canne,
dit notre ami Champfleury, la dernière des cannes à
glands connue, et qui frappait joyeusement les dalles
du trottoir de la porte Saint-Martin aux jours mémora-
bles de la représentation de *Tragaldabas.* » Champfleury connaissait beaucoup Balzac. Il était un des plus
grands admirateurs de son talent descriptif. Deux mois
avant sa mort, le célèbre écrivain, recevant la visite
de son jeune confrère, lui fit voir pour la première fois
sa galerie de tableaux. « Eh! s'écria Champfleury en
se frappant le front, je connais cela! Attendez donc...
mais oui, parbleu! c'est la galerie du *Cousin Pons!* »

zac aux femmes de George Sand, on y trouve toute la différence qui existe entre la saine logique et le paradoxe, entre la vérité et le mensonge.

Balzac instruit, madame Sand trompe.

Le premier moralise, la seconde atteint un but absolument contraire.

Toutes les *Indiana* et toutes les *Valentine* du monde pâlissent devant *Renée* et *Louise*, ces types délicieux que nous offrent les *Mémoires de deux jeunes mariées*.

On ne cherche pas longtemps la conclusion morale de ce livre.

Madame Sand, à qui Balzac l'a dédié ironiquement, a dû comprendre tout d'abord que l'amour exalté de ses héroïnes n'enfante que perdition et malheur. *Renée* se sauve de l'amour par la maternité et vit heureuse, tandis que *Louise* est tuée par l'amour, parce qu'elle n'a pas eu la maternité.

Balzac n'aimait pas George Sand. Il disait d'elle :

— C'est un écrivain du genre neutre. La nature a eu des distractions à son égard : elle aurait dû lui donner plus de culotte et moins de style.

Dans ses relations avec la châtelaine du Berri, l'auteur de la *Peau de Chagrin* se montrait d'une réserve et d'une froideur extrêmes. Elle le jugeait par conséquent très-mal. Nous sommes obligé de nous inscrire en faux contre les phrases suivantes que nous trouvons dans une préface signée d'elle :

« La vie de Balzac était, à l'habitude, celle d'un anachorète, et, bien qu'il ait écrit beaucoup de gravelures, bien qu'il ait passé pour expert en matières de galanteries, bien qu'il ait fait la *Physiologie du mariage* et les *Contes drolatiques*, il était bien moins rabelaisien que bénédictin. Ce grand anatomiste de la vie laissait voir qu'il avait tout appris, le bien et le mal, par l'observation du fait et la contemplation de l'idée, nullement par l'expérience. »

Madame Sand trahit ses rancunes secrètes

Nous croyons, et le plus grand nombre

des femmes qui ont connu Balzac parta-
gent notre avis, que la contemplation de
l'idée seule ne lui a pas donné cette science
du cœur féminin que l'homme n'acquiert
jamais sans approfondir l'amour, sans en
expérimenter les joies et les dégoûts, les
transports et les fatigues.

Puisque madame Sand se dispose à
publier ses *Mémoires*, ce qui nous semble
parfaitement inutile au point de vue de
l'enseignement de la jeunesse, il est bon
de mettre le lecteur en garde contre les
appréciations plus ou moins injustes aux-
quelles elle pourra se livrer.

Cependant Balzac, malgré le succès de
ses livres, ne s'enrichissait pas.

Il travaillait avec trop de conscience et

trop de lenteur. Jamais il n'était content de lui-même. Un de ses romans, *Pierrette*, fut remis quatorze fois sur le chantier.

— Mais, lui disait l'imprimeur, vous allez avoir pour dix-huit cents francs ou deux mille francs de corrections.

— Qu'importe? répondait Balzac, allez toujours !

On lui obéit; il ne s'arrêta qu'à la vingt-septième épreuve.

Pierrette était dédiée à la charmante femme qui devait un jour porter son nom [1]; il voulait lui envoyer tout son talent avec tout son cœur. Les corrections du livre

[1] Madame Ève de Hanska.

dépassèrent le prix de vente de trois ou quatre cents francs.

Certes, il était difficile que Balzac payât ses dettes avec un pareil système.

« Il poussait si loin le mérite de la vérité et de l'exactitude, dit le bibliophile Jacob, qu'il ne dépeignit jamais un pays sans l'avoir visité, et qu'il ne craignait pas de faire un voyage pour voir une ville, une rue, un lieu quelconque où il voulait placer les scènes de son drame. De là ces merveilleux tableaux du logis Grandet à Saumur, et de la maison Rouget à Issoudun. M. de Balzac était peintre à la manière de Gérard Dow, de Miéris et de Rembrandt. »

Les voyages d'une part et les corrections de l'autre absorbaient tous les béné--fices de la plume ; le gouffre des dettes ne se comblait pas.

Ahuri par les clameurs de ses créan-ciers, Balzac avait des moments de tris-tesse profonde, que la douce affection des siens s'appliquait à dissiper.

Presque chaque soir, il dînait chez sa sœur Laure, établie à Paris avec son époux et ses deux filles.

— Voyons, mes gazelles (il appelait ainsi ses nièces), dit-il un jour en en-trant, prêtez-moi du papier et un crayon... Vite ! vite !

On lui donna ce qu'il demandait.

Il passa près d'une heure, non pas à écrire des notes, comme on se l'imagine peut-être, mais à aligner des chiffres les uns sous les autres et à les additionner.

— Cinquante-neuf mille francs ! murmura-t-il, je dois cinquante-neuf mille francs ! Il ne me reste plus qu'à me brûler la cervelle ou à me jeter à la Seine.

— Et le roman que tu as commencé pour moi, tu ne l'achèveras donc pas [1] ? lui dit en pleurant sa nièce Sophie.

—Cher ange !... En effet, j'ai tort de me décourager de la sorte. Travailler pour toi, cela me portera bonheur. Voyons, plus d'idées sombres ! J'achève ton roman, c'est

[1] Balzac défendait à ses nièces de lire ses œuvres. Il composa tout exprès pour elles *Ursule Mirouet*, un angélique et chaste livre dont toutes les pages sont empreintes du sentiment chrétien le plus pur, ce qui néanmoins n'a pu lui rendre ni M. Veuillot ni M. de Pontmartin favorables.

un chef-d'œuvre, je le vends trois mille écus, les éditeurs me proposent des traités superbes... A merveille ! Je paye en deux ans tous mes créanciers, je vous amasse une dot, et je suis pair de France ! Voilà qui est convenu, dînons !

— Et les places de théâtre que tu nous as promises, mon oncle ?

— Tiens, justement je les ai dans ma poche ! Nous irons au Gymnase.

— Mais tu n'es pas habillé.

— Surville me prêtera son habit... N'est-ce pas, Surville ?... A table, mes gazelles, à table !

Le dîner fut d'une gaieté folle.

Balzac ne pensait plus au chiffre de ses

dettes. On apporta du bordeaux et des marrons au dessert.

— Habille-toi donc, mon oncle! crièrent les jeunes filles; nous serons en retard!

— C'est juste, dit Balzac, se levant de table et passant pour faire toilette dans une pièce voisine.

La porte restait entr'ouverte. Au bout de quelques minutes, il cria :

— Eh! Surville, laisse-moi du bordeaux !

— Diable! fit son beau-frère, la bouteille est vide, nous avons tout bu ; mais je vais descendre à la cave.

— Non, non, ne te dérange pas. S'il n'y a plus de bordeaux, je mangerai des marrons en place.

Et toute la famille d'éclater de rire à cette bonne et grosse naïveté.

Si nos lecteurs trouvent ces anecdotes puériles, bien certainement ils auront tort, car elles peignent Balzac au naturel.

La Providence, à côté des traversés sans nombre et des inquiétudes dont fut semée sa vie, lui donnait ce caractère heureux sur lequel glissait le chagrin. Une minute de joie effaçait chez lui des heures de désespoir et lui rendait tout le ressort nécessaire à ses travaux.

Souvent il jouait avec ses nièces pendant des jours entiers, comme Henri IV faisait avec ses enfants. Quand sa sœur le grondait de perdre ainsi des moments précieux, il s'écriait :

— Tais-toi, Pétrarque[1] ! Il faut que ma tête se soulage, sans quoi je deviendrais cerveau !

Les douleurs de dents qu'il avait gagnées dans sa froide mansarde de la rue Lesdiguières le tourmentaient encore. Il refusait de se soigner, prétendant que, les loups n'ayant jamais recours aux dentistes, les hommes devaient être comme les loups.

— Allons donc ! tu manques de courage, et tu n'oses pas te faire arracher une dent ! dit sa sœur.

— Par exemple ! J'en ai là une qui

[1] Il lui donnait plaisamment ce nom, parce qu'elle s'appelait Laure.

branle ; donne un bout de fil, tu verras
si je ne l'extirpe pas moi-même !

Il se mit en devoir de procéder à l'opé-
ration ; mais il y allait avec tant de délicatesse et de mesure, que sa sœur, impa-
tientée, se précipita sur la main qui tenait
le fil et arracha, par l'effet de cette brus-
que secousse, la canine malade.

— C'est bizarre ! dit Balzac ; il paraît
que je ne tirais que moralement.

L'esprit de réplique et d'à-propos ne
lui manquait jamais. Il lançait tout ce qui
lui venait aux lèvres, accompagnant ses
saillies de ce gros rire tourangeau qui l'a
fait comparer à Rabelais, son joyeux compatriote, avec lequel, n'en déplaise à madame Sand, il a plus d'un trait de ressem-
blance.

Comme la littérature ne lui fournissait décidément pas de quoi payer ses dettes, Balzac se creusa l'imagination pour arriver à la découverte d'une industrie capable de l'enrichir.

Lisant un jour Tacite, et voyant que les Romains avaient exploité jadis en Sardaigne des mines d'argent, il se frappe le front et s'écrie :

— Je suis millionnaire !

Sans plus de retard, il emprunte cinq cents francs, court à Marseille, s'embarque sur un bâtiment génois et communique son idée au capitaine, qui la trouve délicieuse. Il est de toute évidence que les Romains, peu versés dans l'art de la chimie, n'ont dû scorifier que médiocrement les

mines. Balzac s'assure du fait à son arri-
vée en Sardaigne, rapporte du minerai à
Paris, acquiert par l'analyse la preuve
qu'il renferme encore beaucoup de métal,
et demande au gouvernement sarde l'au-
torisation de glaner après les Romains.

On lui répond qu'il est trop tard.

Le capitaine du bâtiment génois a
trouvé l'idée si bonne, qu'il s'est hâté de
solliciter à son profit la susdite autorisa-
tion.

Victime de cet abus de confiance, Balzac
ne se déconcerte pas et cherche d'autres
moyens de conquérir la fortune.

Si M. Dutacq, ancien gérant du *Siècle*,
veut y mettre de la franchise, il convien-
dra que, deux mois durant, sous un ber-

ceau des Jardies[1], loin des regards indis-
crets et dans le plus profond mystère,
l'auteur de la *Comédie humaine* et lui se
sont torturé le cerveau pour résoudre le
vieux problème du mouvement perpé-
tuel.

Un soir, Balzac bondit comme Archi-
mède en s'écriant : « *Eurêka !* Je l'ai
trouvé ! »

Séance tenante, il fait signer à Dutacq
que la découverte leur appartient en
commun.

Celui-ci donne son parafe de grand
cœur.

Mais, hélas ! après avoir étudié plus

[1] Maison de campagne que Balzac habitait alors à
Ville-d'Avray.

scrupuleusement le système, Balzac y re-
-connaît un vice, et son associé reçoit, le
lendemain, le billet suivant :

« N'y comptez plus, il manque deux
chevaux à la machine. »

Un plan condamné, Balzac se rejetait
sur un autre. Tantôt il cultivait des ananas
pour se faire deux cent mille livres de
rente, oubliant que ces fruits exotiques ne
peuvent mûrir sous notre froid soleil ; tantôt il se livrait à des combinaisons mathé-
matiques on ne peut plus savantes, avec
l'espoir d'en trouver une au moyen de la-
quelle il ferait sauter les banques de Bade
et de Hombourg.

Jules Sandeau lui venait en aide dans

la recherche de ce paroli puissant qui devait leur amener des montagnes d'or.

« *Euréka* ! je l'ai trouvé ! cria pour la seconde fois Balzac, ivre d'espoir.

— Oui.. mais le double zéro ? vous n'en avez pas tenu compte,. lui dit Sandeau. Tout s'écroule, c'est à recommencer.

Sans le double zéro, les banques d'Allemagne auraient vu leur dernier jour.

Balzac renonça définitivement à ces fous rêves[1]. On lui fit comprendre qu'il était plus simple de chercher la fortune

[1] Sa dernière fantaisie de ce genre fut d'aller en Corse cultiver l'opium. Il élaborait avec un soin extrême tous ces plans étranges; et il était impossible, en

au sein du domaine littéraire, dont il avait la libre exploitation.

— Créez un journal, une revue, lui disaient ses amis ; votre nom seul amènera des souscripteurs par phalanges.

Balzac suivit ce conseil.

Mais une chance fatale s'acharnait après lui et paralysait tous ses efforts. Le *Feuilleton littéraire*, la *Revue parisienne* et

l'écoutant, de ne pas partager ses illusions; il magnétisait son auditeur, il le tenait pantelant sous l'action de sa parole et de son regard. Dutacq se sauva un jour des Jardies en s'écriant : « Ma parole d'honneur, il me rendra fou comme lui ! » Édouard Ourliac, Lassailly, Gérard de Nerval, Laurent Jan et le marquis de Belloy ont raconté des choses merveilleuses de cette puissance de fascination de Balzac. On ne pouvait pas collaborer avec lui. Son imagination vous emportait dans les espaces. Il effrayait, il donnait le vertige.

la *Chronique de Paris* moururent entre ses mains.

Il était trop artiste.

Quand il écrivait lui-même de bonnes et consciencieuses pages, quand les Méry, les Théophile Gautier, les Charles de Bernard[1], les Chaudesaigues, les Gustave Planche répondaient à son appel et lui prêtaient leur concours, il croyait avoir assez fait pour le public. Il ne *girardinisait* pas ses lecteurs ; il regardait comme indigne de lui-même et de sa gloire de recourir à toutes les promesses mensongères de l'affiche, à toutes les bourdes de l'annonce.

[1] Balzac, pour s'attacher cet écrivain, paya trois mille francs que celui-ci devait à la *Revue de Paris*, alors dirigée par M. Buloz.

Balzac était un de ces hommes naïfs, faciles à duper, mais incapables de duper personne. Il avait la confiance et la bonhomie d'un bourgeois de province.

On lui présente, un soir, à la *Chronique de Paris*, un très-jeune homme qui veut, dit-on, commanditer l'entreprise.

Balzac invite ce jeune homme à dîner en compagnie de tous les rédacteurs de la *Revue*. Son convive est traité en prince. Le champagne mousse, les bouteilles se vident, l'esprit court en fusées d'un bout de la table à l'autre. Après le café, le prétendu commanditaire se lève et dit à l'illustre rédacteur en chef :

— Eh bien, monsieur de Balzac,

voilà qui est entendu, j'en parlerai à papa !

Ce *j'en parlerai à papa* produisit sur les dîneurs l'effet du *mané thécel pharès.* Balzac avait pris le collégien candide pour un bailleur de fonds sérieux. On lui eût affirmé, dans ses moments de gène, qu'un sac d'or lui descendrait de la lune, à minuit, qu'il aurait tendu les deux mains pour le recevoir.

La *Chronique* perdait des abonnés chaque jour. Elle publiait en vain des chefs-d'œuvre [1]; il y avait autour d'elle, dans la presse parisienne, une légion de charla-

[1] Balzac donna dans cette revue le *Cabinet des Antiques, Ecce Homo, l'Interdiction* et la *Perle brisée.*

tans qui faisaient rage sur leurs tréteaux
et vendaient, à grand renfort de coups de
tam-tam, leurs drogues politiques et littéraires, au détriment des saines élucubra-
tions de Balzac et de ses amis.

L'auteur du *Lys dans la Vallée* travailla dix-huit mois pour ajouter vingt-
cinq mille francs de plus au chiffre de son
passif.

Il en devait dix mille à l'ancien pro-
priétaire du journal [1].

Celui-ci, gêné lui-même, fut obligé de
poursuivre rigoureusement son débiteur et
le menaça de la contrainte par corps.

[1] M. Duckett, aujourd'hui rédacteur en chef du *Dictionnaire de la Conversation.*

Mais Balzac était introuvable.

Le garde du commerce chargé de le prendre venait de passer trois semaines en courses inutiles, quand une Ariane vindicative (elle mériterait bien de voir écrire ici son nom en toutes lettres) se présenta chez le créancier et lui dit :

— Monsieur, vous faites chercher M. de Balzac. Or j'ai *un intérêt très-grand* à ce que M. de Balzac soit conduit en prison (charmante femme!), et je vais vous faire connaître le lieu de sa retraite : il demeure aux Champs-Élysées, à l'hôtel de madame Visconti.

Rien n'était plus exact que ce renseignement.

Deux heures après, l'hôtel était cerné. Balzac, interrompu au milieu d'un chapitre de roman, vit entrer deux recors, armés du gourdin traditionnel. Ils lui signifièrent qu'un fiacre attendait à la porte.

Une femme avait trahi notre écrivain, ce fut une femme qui le sauva.

Royalement hospitalière, madame Visconti jeta dix mille francs au nez des recors et leur montra la porte.

Guéri à tout jamais des entreprises industrielles, Balzac se remit au travail avec cette énergie victorieuse et cette passion du beau qui sont les deux traits les plus saillants de sa nature.

Outre les œuvres mentionnées précédemment, il publia, de 1837 à 1845, la *Vieille Fille*, le *Cabinet des Antiques*, *César Birotteau*, la *Filandière*, *Une Fille d'Ève*, *Mercadet*, *Vautrin* [1], les *Ressources de Quinola*, *Une Ténébreuse Affaire*, *Béatrix*, *Albert Savarus*, *Un Début dans la Vie*, *Honorine*, et cette admirable *Monographie de la Presse parisienne* [2], qui le vengea d'un seul coup de tant d'agressions odieuses.

[1] Drame en cinq actes, dont Frédérick Lemaître joua le principal rôle. Le ministère prétendit que l'acteur s'était grimé de manière à ressembler à Louis-Philippe. On défendit la pièce.

[2] Nous ne citons que les principaux ouvrages imprimés alors. On trouvera la liste complète des œuvres de M. de Balzac en tête de la magnifique édition Houssiaux. Cet'e édition contient quatre-vingt-dix romans ou nouvelles, et représente plus de cent vingt volumes ordinaires de cabinet de lecture. M. Dutacq prépare une édition spéciale des *Contes drolatiques*,

A l'exemple de tous les hommes d'un talent supérieur, et qui se trouvent, par cela même, au-dessus de l'injure, comme le soleil se trouve au-dessus des nuages, Balzac méprisait profondément cette tourbe d'écrivassiers qui s'agitent dans les limbes du petit journalisme.

— Ce sont les punaises de la littérature, disait-il ; on les écrase quelquefois, parce qu'elles mordent ; mais on ne se met pas en colère contre elles.

avec illustrations de Doré. N'oublions pas de dire qu'un investigateur patient vient de réunir en une sorte de faisceau lumineux toutes les *Pensées de Balzac*, recueillies pieusement dans ses œuvres complètes. Un autre a dressé la liste de tous les personnages de la *Comédie humaine* ; ils sont au nombre de cinq mille.

Harcelé sans cesse, il se défendait avec calme, sans descendre de la hauteur de son génie. L'introduction du *Lys dans la Vallée* est une preuve de ce que nous avançons. Balzac l'écrivit à l'époque de son procès avec M. Buloz [1]. Aujourd'hui que les passions sont éteintes et que la mort a séparé les adversaires, le survivant peut dire si une seule page de cette introduction est tachée de fiel.

En 1834, on décida l'auteur du *Père Goriot* à sonder le terrain académique.

C'était grave. Il avait de ce côté-là plus

---

[1] 1836. — M. Buloz avait fait paraître une édition incomplète du *Lys de la Vallée* dans le *Journal de Saint-Pétersbourg*, sans l'aveu de M. de Balzac.

de jaloux encore et plus d'ennemis que
partout ailleurs:

Ne voulant pas s'exposer directement à
des rebuffades, il fit pressentir sur sa can-
didature trois académiciens qui passaient
pour de chauds meneurs en matière d'é-
lections. Ceux-ci ne parurent pas décidés
le moins du monde à lui ouvrir les portes
du temple. Le plus influent des trois ap-
puya son refus de cette magnifique raison :

— Que voulez-vous? M. de Balzac n'est
pas dans un état de fortune convenable.

A cela Balzac répondit :

— Puisque l'Académie ne veut pas de
mon honorable pauvreté, plus tard elle se
passera de ma richesse.

Il était convaincu que la fortune allait enfin lui sourire.

Hélas! il la vit effectivement apparaître, mais derrière elle se tenait la mort!

Balzac devait être la victime du mauvais goût de son époque. Il fut assassiné par le mercantilisme littéraire, auquel, de jour en jour, la complicité de certains journaux donnait plus de force.

On mettait à la mode les romans dialogués et accidentés, œuvres rapides et folles qui se pliaient aux exigences de la colonne, tenaient le lecteur en suspens par des combinaisons stupides de chandelle éteinte, de porte close ou de chausse-trappe béante, renonçaient aux détails de mœurs, à la peinture de caractères, tiraient à ligne, encombraient la place et s'étalaient d'un bout du journalisme à l'autre en flasques et désolantes tartines.

Balzac voulut lutter contre cet envahissement et rester lui-même.

Il eût été de force à le faire, si ses ennemis eussent combattu à armes courtoises, c'est-à-dire en opposant plume à plume, travail à travail.

Mais ils avaient juré de lui fermer la lice et de rendre le combat impossible.

C'est alors que nous avons vu marcher en plein soleil et en plein scandale ces marchands éhontés qui trafiquaient de l'honneur des lettres, établissaient à tous les coins des fabriques de romans, faisaient travailler des esclaves, et signaient sans honte, en face du public, les produits d'une plume anonyme.

Et vous croyez, pirates, avoir impunément écumé l'océan littéraire? Non! non! l'heure de la justice arrive.

A genoux, et rendez gorge! car votre gloire est volée. Nous le crions bien haut, afin que chacun le sache.

Vous avez à vous seuls absorbé l'héritage commun.

Non-seulement, par vos manœuvres indignes, les jeunes talents qui voulaient grandir furent étouffés dans leur berceau,

mais encore sur la route du génie vainqueur, du mérite incontestable, du premier des fils de l'art, sur la route de
Balzac enfin, vous avez semé de criminelles
entraves. Quand il portait ses livres à un
journal, il se heurtait contre vos intermi-
nables et insolents traités avec le charla-
tanisme des directions. Se tournait-il du
côté des libraires, il trouvait là, comme
partout, votre littérature au rabais. Vous
anéantissiez son travail, vous brisiez ses
espérances, vous lui voliez sa part dans le
budget des lettres.

Il est mort à la peine, sachez-le bien,
ce grand homme, ce puissant génie !

Car il travaillait toujours, il tenait à
compléter son œuvre, il ne pouvait croire

à une dépravation littéraire aussi générale et aussi profonde.

A présent l'opinion le venge, oui, sans doute.

Mais vous n'êtes pas assez punis ; mais écoutez bien ce que nous allons vous dire.

Un jour viendra, ce jour est proche, où vous tomberez dans la déconsidération la plus absolue. Le public tout entier, rendu malade par votre impure cuisine, ne pourra plus ni la sentir ni la manger sans dégoût

Voyez donc, est-ce que déjà le châtiment n'a pas commencé ?

Balzac triomphe sur son glorieux piédestal, et vous descendez la pente rapide qui mène aux abîmes de l'oubli.

Pendant cette période honteuse où Mercure était devenu le dieu des lettres, Balzac imprima des livres qui passèrent presque inaperçus [1]. Nous citerons *Ève et David*, *Splendeurs et misères des courtisanes*, *Modeste Mignon*, les *Comédiens sans le savoir*, et les *Parents pauvres*. Ce dernier ouvrage surtout prouve que le talent de l'auteur grandissait encore.

On ne s'imagine pas combien Balzac

---

[1] On doit dire, à la louange de quelques libraires, que, malgré l'indifférence du public, ils s'appliquèrent constamment à maintenir Balzac à la hauteur de sa renommée.

était humilié quand un éditeur établissait un point de comparaison quelconque entre ses romans et ceux du mousquetaire Dumas ou du socialiste Eugène Sue.

Voici un fait dont nous avons été témoin.

C'était pendant l'hiver de 1843.

MM. Maulde et Renou publiaient un *Tableau de la Grande-Ville*, dont Marc Fournier, directeur actuel de la Porte-Saint-Martin, surveillait la rédaction.

Balzac entre, un soir, dans le cabinet des éditeurs et leur dit :

— Nous sommes convenus, messieurs, que la *Monographie de la presse pari-*

sienne me serait payée à raison de cinq cents francs la feuille.

— C'est vrai, répondirent-ils.

— J'ai reçu quinze cents francs; il y a quatre feuilles, c'est donc cinq cents francs que vous restez me devoir.

— Mais vos corrections, monsieur de Balzac, savez-vous à quel chiffre elles montent?

— Il n'a pas été dit que je payerais les corrections.

— Sans doute, répliqua M. Renou. Pourtant je dois vous dire que l'article d'Alexandre Dumas, *Filles. Lorettes et Courtisanes,* a produit également quatre feuilles. Nous n'avons pas donné un centime de plus.

Balzac tressaillit et devint pâle. Évidemment, pour faire une pareille démarche, il se trouvait dans une grande pénurie financière. Mais il oublia tout devant les paroles qu'il venait d'entendre, n'insista plus, se leva, prit son chapeau, et dit avec un accent de dignité solennelle :

— A partir du moment où vous me comparez à ce nègre-là, j'ai bien l'honneur de vous saluer !

Il sortit. Le nom seul d'Alexandre Dumas fit gagner cinq cents francs à la caisse de la *Grande ville*.

Balzac et Dumas étaient ennemis. De

son vivant, l'auteur des *Parents pauvres*
a pu quelquefois manquer de charité chré-
tienne envers un homme dont il n'esti-
mait ni le talent ni les œuvres. Que sa
rancune ait été juste ou non, peu nous
importe. Il est mort, et son ennemi, qui
ne l'est pas, sonne bruyamment de la
trompette pour lui élever un tombeau.

Quelle magnanimité! quelle noble et
généreuse initiative!

Des méchants prétendent que le *Mousquetaire* languissait, qu'une réclame mons-
tre, un vacarme infernal, un ouragan de
publicité, devenaient indispensables pour
lui rendre un peu de nerf et de vigueur.

Mais nous n'en croyons rien.

Tout le monde a eu tort dans cette affaire, tout le monde, excepté M. Dumas.

La veuve de l'illustre romancier ne devait pas se plaindre [1], et M. Nogent-Saint-Laurens devait refuser à madame de Balzac, devant les tribunaux, l'appui de son éloquence. Pourquoi donc empêcher ce bon *Mousquetaire* de vivre? Ne voyez-vous pas qu'il redresse les abus, qu'il signale de condamnables oublis, qu'il se drape (ô merveille!) dans un pan du manteau de saint Vincent de Paul?

[1] Un article de M. de Fiennes, dans le feuilleton du *Siècle*, reproduit avec empressement par le *Mousquetaire*, affirmait que l'herbe croissait sur la tombe de Balzac. Or M. de Fiennes s'était trompé: ce qu'il avait pris pour de l'herbe était du laurier-thym, de l'alatène et du jasmin blanc. La tombe de Balzac a été constamment et religieusement entretenue par sa veuve. On peut interroger là-dessus tous les jardiniers du Père-Lachaise. Balzac repose à côté de Charles Nodier et de Casimir Delavigne. Son buste en bronze, œuvre de David d'Angers, couronne le faîte du monument.

Sancte Dumas, ora pro nobis! Saint Dumas, priez pour nous!

Oui, d'Artagnan, tu as raison, mille fois raison. Tu es entré dans une sublime fureur quand un tiers officieux a osé t'apostropher ainsi au sujet du tombeau :

« Vous vous méprenez, mon cher Dumas. Co que vous faites là manque de délicatesse. Madame de Balzac n'a donné, et ne veut laisser à personne le soin de faire le monument de son mari. Elle est assez riche pour le payer elle-même; elle s'en occupe. Cessez, de grâce, d'imprimer le nom de M. de Balzac. Il le faut, même dans votre intérêt : des médisants vont jusqu'à dire que c'est une spéculation, une affaire de commerce; que tout ce bruit est au bénéfice du *Mousquetaire* bien plus qu'au bénéfice de je ne sais quel tombeau problématique, » etc., etc.

Là-dessus d'Artagnan se place un poing

sur la hanche, relève les crocs de sa mous-
tache et s'écrie :

— Par le sang! par la mort! vous
me la donnez belle! Balzac a été mon ennemi; son talent m'est antipathique, et
je ferai son tombeau comme je l'entendrai.
Voilà ma vengeance! L'inscription sera
celle-ci : « A Balzac, Dumas son rival! »
(Textuel).

Bravo! d'Artagnan, bravo!

Mais, aimable mousquetaire, où en est
le monument? quand l'offrirez-vous à nos
regards? Après tant de bruit, tant d'es-
clandre, tant d'articles, tant de concours
offerts, tant de lettres sympathiques, tant
de dévouements aussi admirables que le

vôtre, la caisse de souscriptions doit être pleine.

Où en sommes-nous? Voyons les comptes.

Il est bon de s'entendre. L'ombre de Balzac est pressée... de voir la *Comédie humaine* s'achever sur sa tombe.

D'Artagnan-Dumas a coupé notre fil biographique, rattachons-le. Nous avons laissé Balzac en lutte avec les contrebandiers et les pirates littéraires. Ce noble Christ de l'art avait, comme le Christ du Golgotha, des larrons à sa droite et à sa gauche. Par malheur, ceux-ci n'étaient pas crucifiés; leurs mains étaient libres, ils s'en servaient pour tout prendre.

Non-seulement ils repoussaient Balzac

au seuil des journaux, mais ils parvenaient à lui fermer la porte du théâtre.

On sait que, de ce côté-là, beaucoup de succès se font à la main, et que, par contre, les chutes s'organisent avec la facilité la plus grande.

Depuis la mort de Balzac, *Mercadet* a eu les honneurs de la rampe. Jouez aujourd'hui les *Ressources de Quinola*, *Vautrin*, *Paméla Giraud*, la *Marâtre*, ils obtiendront également un triomphe posthume.

On ne ment plus en présence d'une tombe. Les envieux se taisent quand la postérité parle.

Balzac a été le plus grand travailleur des temps modernes. Il faut remonter jusqu'aux moines du moyen âge pour trouver le même zèle, la même assiduité, la même patience.

Il se couchait tous les soirs à cinq heures et demie, après son dîner, se levait à onze heures ou minuit, s'enveloppait du froc monacal qu'il avait adopté pour robe de chambre, et travaillait sans désemparer jusqu'à neuf heures du matin.

Son domestique François lui apportait alors à déjeuner, prenait en même temps les épreuves attendues par l'imprimeur, et Balzac, tirant sa montre, lui disait avec un sérieux imperturbable :

— Je te donne dix minutes pour porter cela à Charenton.

L'imprimerie était *extrà muros*, et

l'écrivain restait rue Saint-Honoré, c'est-à-dire à une distance de près de deux lieues, ce qui n'empêchait pas François de répondre :

— Dix minutes, soit. Je pars.

Balzac, après son déjeuner, reprenait la plume jusqu'à trois heures, faisait une promenade dans les champs jusqu'au dîner, se couchait au sortir de table, et recommençait le même train de vie tous les jours.

Quand on songe à la manière dont il écrivait ses romans, on est effrayé de la force de ce génie, assez sûr de lui-même pour ne pas craindre de perdre ses éléments créateurs et pour appliquer aux lettres le procédé que les peintres adoptent pour leurs toiles.

Balzac ébauchait un roman comme on ébauche un tableau.

Son premier jet, même en écrivant ses livres les plus longs, n'a jamais dépassé trente ou quarante pages. Il lançait chaque feuillet derrière lui sans le numéroter, afin d'échapper à la tentation de relire, et, le lendemain, on lui donnait, avec des marges énormes, les épreuves de son manuscrit.

Les quarante pages en formaient cent sur la seconde épreuve, deux cents sur la troisième, et ainsi de suite jusqu'à la fin de l'ouvrage.

Cette manière d'écrire faisait le désespoir des compositeurs d'imprimerie.

Retrouvant avec une multitude prodigieuse de renvois et de surcharges leur travail de la veille, ils se croyaient en face du chaos. C'était un rayonnement bizarre, un véritable feu d'artifice, dont les fusées se croisaient, s'enchevêtraient, tournaient à droite, revenaient à gauche, descendaient, montaient, se heurtaient et leur donnaient le vertige.

Dans chaque traité qu'ils passaient avec leurs patrons, ils spécifiaient, comme clause rigoureuse, qu'ils n'auraient pas, journée commune, plus de *deux heures de Balzac.*

Toutes ces épreuves du maître ont été conservées et se vendent à prix d'or.

Nous ne terminerons pas cette biographie sans mettre le lecteur en garde contre

les fausses anecdotes et les calomnies in-
décentes que les ennemis de Balzac ont
inventées à toutes les époques pour atta-
quer sa réputation ou le tourner en ridicule.

Il y a des gens qui se plaisent à déposer
des immondices au pied des pyramides.

Quand les journaux de France n'osaient
pas imprimer tel ou tel mensonge, on
l'expédiait sous enveloppe aux feuilles
étrangères, et la presse parisienne, déga-
gée de toute responsabilité, faisait écho
sans scrupule [1].

---

[1] Ce fut ainsi qu'on accusa M. de Balzac d'enfouir
des millions au lieu de payer ses dettes. Les uns sou-
tenaient qu'après la publication du livre de M. de Cus-
tine sur la Russie, l'auteur du *Père Goriot* s'était hâté
de prendre la poste pour aller offrir sa plume au czar,
et que le czar l'avait honteusement chassé de Saint-
Pétersbourg. D'autres lui reprochaient d'avoir laissé
mourir une de ses sœurs à l'hôpital. C'était un concert

Balzac ne daignait pas répondre à ces attaques déloyales. Il riait ou haussait les épaules en écoutant toutes ces grenouilles coassant dans les marais de la critique.

Après avoir terminé les *Parents pauvres*, il ressentit les premières atteintes de la maladie cruelle qui devait l'emporter, juste au moment où lui arrivaient fortune et bonheur.

Le 18 août 1850, quatre mois après son hymen avec la comtesse de Hanska, il mourut à Paris dans sa maison de la rue Fortunée [1].

de calomnies plus infâmes les unes que les autres, et dont la *Gazette d'Augsbourg* ou la *Gazette de Milan* prenaient tour à tour l'initiative. Théophile Gautier seul avait le courage de défendre M. de Balzac, son premier protecteur et son maître.

[1] Aujourd'hui rue de Balzac.

Cette mort fut un deuil public.

Balzac arrivait à peine au milieu de la carrière. Une large moisson de gloire était encore debout devant ce faucheur intrépide, qui avait amassé déjà tant de gerbes glorieuses. Mais, tout inachevée que soit son œuvre, elle n'en est pas moins gigantesque.

Il y a trois choses contre lesquelles la rage des passions humaines devient impuissante : Dieu la lumière et le génie.

Quand un esprit supérieur se révèle, quand un flambeau s'allume au foyer de l'intelligence, il est aussi impossible de souffler dessus et de l'éteindre qu'il est impossible d'empêcher Dieu d'être et le soleil de rayonner aux cieux.

Créez des entraves, suscitez des obstacles, amassez en nuages autour de l'astre les plus noires émanations de l'envie et de la haine, le rayon dissipera les ombres, la flamme percera toujours.

Vous tuerez l'homme peut-être, mais l'intelligence aura sa manifestation radieuse.

L'enveloppe sera brisée, mais le génie éclatera.

Tous vos efforts, toutes vos colères, ne réussiront qu'à donner à votre victime deux auréoles au lieu d'une : la gloire sera doublée du martyre.

FIN.

Mon cher maître, si vous voulez me
faire le plaisir de venir me voir
demain lundi ou au plus tard
mardi, à Sèvres, aux Jardies,
chemin vert par le Pavé
de Ville d'Avray, mais d'espérer,
si j'trouverai vos deux types,
il m'est impossible de me remuer,
j'ai eu un fâcheux accident
qui me tient au lit, j'ai même
pu [ ] jours d'inaction, ayant
une jambe luxée . . . .

. . . .

de Balzac